# RAPPORT

## SUR LA LETTRE DE M. DE BOURGE,

### AU COMITÉ DE CONSTITUTION,

*CONCERNANT l'Affaire des Juifs, fait par M. BRISSOT DE WARVILLE, à l'Assemblée générale des Représentans de la Commune de Paris, le 29 Mai 1790.*

*Imprimé par l'ordre de l'Assemblée.*



MESSIEURS,

CHARGÉ, avec MM. de Condorcet & Robin, de vous rendre compte de la Lettre au Comité de Constitution, sur l'affaire de Juifs, par M. de Bourge, l'un des Membre de la Commune, nous-nous empressons de vous exposer les sentimens de vos Commisſaires ſur cet ouvrage, & leur opinion ſur la démarche que cet Ecrivain patriote ſollicite de cette Aſſemblée.

L'objet des réclamations des Juifs vous eſt ſuffiſamment connu. D'après les motifs développés, avec autant de force que de chaleur, par les deux Membres de cette Aſſemblée (1), qui ſe ſont dévoués à cette cauſe importante, vous avez arrêté (2) d'envoyer à l'Aſſemblée Nationale une *Adreſſe* en faveur de ces infortunés. Cette *Adreſſe* a été reçue avec les applaudiſſemens que méritoit votre zéle à défendre l'Humanité & l'égalité de droits. Cependant le ſort des Juifs n'a pas été amélioré. Les préjugés, les paſſions ſe ſont élevés contr'eux, & ont empêché la diſcuſſion d'une Queſtion qui ne pouvoit être problématique, d'après la Déclaration des Droits. On a éveillé la crainte, ce fantôme avec lequel on arrête ſouvent le bras de l'homme de bien. Et, le croira-t-on ! la ſûreté des Juifs a été invoquée comme un motif

(1) MM. Godard & de Bourge.

(2) Février 1790.

puissant pour continuer à les dépouiller de leurs droits ! Ainsi, pour continuer d'être injustes envers les Juifs, on supposoit des Chrétiens prêts à devenir assassins.

M. de Bourge pulvérise, dans la Lettre que vous avez sous les yeux, & cette insidieuse objection, & toutes celles qu'on a faites depuis, pour écarter la Question du sanctuaire de l'Assemblée Nationale. Il prend, les unes après les autres, toutes les opinions, les analyse, les combat avec une logique irrésistible.

Il prouve, contre M. *Hell* (1), que proposer de regénérer les Juifs par des Réglemens particuliers, n'est qu'un effort du préjugé pour enchaîner la justice, & pour perpétuer l'oppression & l'avilissement des Juifs. Il prouve, contre lui, que tous les vices reprochés aux Juifs sont pleinement le résultat de ces liens flétrissans appellés *Réglemens*, & qu'on ne peut, sans injustice, priver un Juif du droit d'Electeur, &, sans inconséquence, de l'éligibilité.

Il prouve qu'en admettant les Juifs, même

(1) Député de l'Alsace à l'Assemblée Nationale.

ſubitement, à ces droits, ce ne ſera, dans le fait, que les y admettre graduellement, parce que le préjugé des Chrétiens ne ſera pas promptement vaincu; qu'ainſi les y admettre, c'eſt ne faire autre choſe que ne pas les exclure d'une Loterie dont les chances ſeront pendant long-temps à leur déſavantage.

Il prouve, contre M. *Pfliéger* (1), que le droit de Citoyen actif doit être accordé aux Juifs, par tout le Royaume; qu'il eſt inutile, pour le leur accorder avec ſûreté, d'attendre que les Aſſemblées adminiſtratives ſoient formées.

Il prouve, contre les Députés d'Alſace, que leurs Concitoyens ne ſont pas & ne ſeront pas des Cannibales, & que toutes leurs prédictions de maſſacres ſont des rêves d'une imagination égarée ou perverſe.

Il prouve, *à la Commune de Strasbourg*, où le fanatiſme a provoqué, contre les Juifs, les mêmes orages qu'à Niſmes & à Montauban, contre les Proteſtans; il prouve que les objections morales & politiques, contre les Juifs, ſi elles étoient fondées, ne ſignifieroient rien

(1) Député de l'Alſace à l'Aſſemblée Nationale.

autre chose, sinon que les Juifs, comme les Chrétiens, doivent être regénérés par la Constitution.

Il prouve que l'argument tiré contre les Juifs, de la différence des deux Religions, feroit de l'idée sublime de Dieu, qui s'est réuni tous les hommes, un éternel foyer de discordes.

Il prouve que toute cette affaire n'est que le procès du fanatisme contre la tolérance, & de l'esprit de corporation contre l'esprit public.

Enfin il prouve qu'il faudroit que les Juifs ne fussent pas des hommes, pour que l'exception à laquelle on veut les assujétir ne fût pas un crime de lèse-Humanité.

De toutes ces raisons, M. de Bourge conclud que l'Assemblée-Nationale doit se hâter de décider que tout homme qui remplira les conditions fixées par ses Décrets sur la composition des Assemblées représentatives, & des Assemblées administratives, sera électeur & éligible, de quelque profession & de quelque culte qu'il puisse être.

Cette conclusion vous paroîtra, sans doute, dictée par la justice. Peut-être l'Auteur eût écarté toute espéce d'objection, en astreignant les Juifs, non-seulement à prêter préalablement le serment civique, mais encore à jurer de se soumettre à toutes les Loix civiles. Car, vous le savez, la différence de ces Loix, & l'espéce de barrière qu'elle a élévé entr'eux & les autres Peuples, est le grand argument qu'on leur oppose.

Quoi qu'il en soit, il n'est pas douteux que cette Lettre lumineuse ne produise une forte impression sur le Comité de Constitution, chargé de présenter, à l'Assemblée-Nationale, le projet de Décret en faveur des Juifs. Mais ce Comité peut être arrêté dans sa bonne volonté, par des obstacles dont le préjugé embarrasse éternellement ses pas, & que l'intervention d'un corps puissant pourra seule écarter; c'est pourquoi M. de Bourge réclame la vôtre. La justice, l'humanité, votre gloire, & les circonstances qui se préparent, vous forcent à la lui accorder. Il est digne d'une Commune, au sein de laquelle a brillé la Philosophie, même ſous le deſpotiſme, de prendre en main la cauſe de ces victimes de l'ignorance, lorſqu'une autre Commune, égarée par le fanatiſme, cherche à les perſécuter. Graces à l'empreſſement de l'Aſſemblée-Nationale, l'anarchie qui déſoloit cette Municipalité va ceſſer; de nouvelles élections ſe préparent. C'eſt le moment d'admettre, à la Communion civile, les Juifs que la Capitale poſſéde dans ſon ſein. Eh! pourquoi priveroit-on cette Capitale qui, la première, a combattu pour l'égalité univerſelle; du plaiſir de la voir, pour la première fois, complétement pratiquée dans ſes élections?

Cet exemple, auſſi grand par ſa bâſe que ſalutaire par l'influence de la Commune, qui le donnera, ne peut que hâter la regénération univerſelle des Juifs.

Nous croyons donc devoir vous propoſer l'Arrêté ſuivant :

« L'Aſſemblée générale des Repréſentans de la Commune de Paris, ſur le rapport de ſes Commiſſaires nommés pour examiner la Lettre imprimée & adreſſée au Comité de Conſtitution, ſur l'affaire des Juifs, par M. de Bourge,

Repréſentant de la Commune de Paris, réfléchiſſant qu'il importe, à la veille de la formation de la nouvelle Municipalité de Paris, de ne laiſſer aucun doute ſur les droits de Citoyens actifs des Juifs, croit devoir recommander, à l'attention la plus ſérieuſe de MM. du Comité de Conſtitution de l'Aſſemblée-Nationale, cet ouvrage où les droits de tous les Juifs du Royaume ſont prouvés avec la dernière évidence.

*Signé*, MICHEL, *Préſident.*

THURIOT DE LA ROSIÈRE,
QUATREMÈRE,
MÉNESSIER,
PELLETIER,
CASTILLON } *Secrétaires.*



De l'Imprimerie de LOTTIN l'aîné, & LOTTIN de St-Germain, Imprimeurs-Libraires Ordinaires de la VILLE.